Mentions légales : ©déc2020-MarieTuye
Édition : BoD-Books on Demand, 12/14 rond-point des Champs Élysées 75008 Paris.
Impression : BoD-Books on Demand, Noderstedt, Allemagne
N°ISBN : 9782322272761
Dépôt légal : Décembre 2020.

Marie TUYET

# Lettres Ouvertes à l'Amour
### 1991-2008.

Illustration de la couverture par l'auteur.

Marie TUYET

# Lettres Ouvertes à l'Amour
### 1991-2008.

Illustration de la couverture par l'auteur.

Éditions Bod- Books on Demand, 12/14
 Rond-point des Champs Élysées 75008
Paris

# PREMIÈRE PARTIE

*Premier Chagrin.*
*1991.*

## LES FUNÉRAILLES DE DOULEUR

*Mon cœur s'effeuille*
*Se meurt la rose*
*Courbe sa tête*
*Puis se repose*

*Mon cœur s'effeuille*
*Est-ce ma sève*
*Est-ce mon sang*
*Qui coule et tombe*

*L'Amour me fuit*
*Ma Vie s'en va*

*Le grand silence de mort*
*S'empare de moi.*

*Ai pris une coupe de bois taillée*
*Ai déposée*
*Des roses*
*Mortes et effeuillées*

*Ai versé trois gouttes*
*De sang*

*Une goutte de douleur*
*Une goutte d'amertume*
*Une goutte d'espoir fou*

*Pétales et feuilles reposent*
*En cette coupe ouverte*
*Que toute poussière s'y pose*
*Tandis que mon cœur s'arrête*

*Qu'elle recouvre au rythme de ma douleur*
*Mon amour de vie en arrêt de mort.*

## MES JOURS DOULEURS

J'essaye de ne plus pleurer.
Je vais chercher la feuille, l'or et le souffle
Aux paysages d'automne, qui doucement,
s'endorment.

J'écoute le vent froid des cimes.
Il parle de neiges blanches et de sentiers perdus.

Je vais chercher l'oiseau.
J'attends que la rivière revienne
Habiter son grand lit.

J'écoute le vent du large
Il parle d'horizons lointains et d'îles reines

J'essaye de ne plus trembler…

Soudain mon cœur se noie :

*Je voudrais que tu sois là*
*ET JE PLEURE.*

## REVIENDRAS –TU ?

Reviendras-tu en ma source
Danser comme la rivière ?

Je hante les sentiers morts
Et les cimes perdues

Je cherche ta vie, ton corps, tes mots

Je ne sais plus comment faire

Pour traverser les jours….

Retrouver le verger
Derrière la poussière
Et le sang séché

Retrouver le fruit

La lumière détournée

Retrouver ma soif.

Je suis une cathédrale
De joies et de peines
Je suis la terre saignée
Retournée
Labourée

Je suis la terre ouverte
Tremblante en ses abîmes

Je renais doucement
Je prépare mes racines
Nouvelles

Pour défendre à la mort
Ma part de Vie.

# DEUXIEME PARTIE

*Lettres ouvertes à l'Amour.*
1992-1996

Je marche dans la ville. Il fait nuit. La pluie lisse les pavés sous la lumière des lampes. De rares voitures glissent dans les flaques et les rues. Et ça fait des gerbes d'or, milliers de perles vives dansant sur le trottoir comme des fées sur la lande. Je cherche ma Vie. Que me veut-elle ?

La pluie sur mon visage…
*Soudain j'ai peur :*
*Et si tu n'existais pas ?*

Je te cherche depuis si longtemps...

Souvent je t'ai cru là où n'était que mon rêve.
Aux rires de mes amis d'alors, je me suis saignée tant et tant.
J'attendais ton aube … Mais tu n'étais pas ces aubes.

J'ai couru dans les dunes, longtemps, longtemps.
Je me perdais ivre, d'arbre en arbre, de galops en ressauts.
Je m'endormais parfois, au creux d'une rivière…

Debout sur la dune, je regarde encore la mer :

*C'est que chacune de ses vagues est tissée de mes larmes.*

AMOUR, Tu es en moi l'Indicible, la Présence nue. Ce qui en moi rayonne, et supplie. Par ma Vie dans ta Vie, je Te découvre : Tu n'es jamais fini. Par Toi je peux tout comprendre, tout connaître.
Car Tu es la Connaissance nue.

*Amour, lorsque Tu m'appelle à vivre, TOUT EST.*
*... Et je deviens alors le Nom qui me porte.*

Je regarde le petit enfant, et je sais.

Amour, Tu es toutes les joies, toutes les larmes.

Merci pour les larmes.

*Et si elles tremblent encore parfois, ce n'est que pour démasquer les ombres, qui entre Toi et moi, se glissent.*

Je te sais à chaque instant du monde.

Tu es le Parfum dans la pluie, et le vent sur ma peau. Tu es l'œil éperdu du vieillard qui pense, et le rire d'enfant qui joue.

Tu es le bourgeon qui craque, la feuille qui tombe au sol.

Tu es la femme au ventre rond, qui saigne et s'ouvre pour que croisse le monde.

Tu es la promesse de l'Homme en marche dans l'homme.

*Hors de Toi, il n'y a pas de Vie.*

J'ouvre la fenêtre : au loin les Cévennes bleues s'éclairent ; ne dit-on pas qu'elles sont cette princesse alanguie, qui s'est couchée là en attendant l'amour… ?

Moi aussi, j'attends la Vie.

*Pour jaillir d'elle, avec elle, et par elle.*

*Qu'est-ce que la Vie, le jour qui lève ?*

Je regarde mon corps dans la brume du soir. D'où vient son chant, de rire et d'envolées ? Pourquoi ces courbes, de soie et de vallées ?

C'est pour le ventre de la terre, toujours fertile. Pour la flamme ardente, et libre. Pour la source claire et vive, enfouie derrière l'opacité du monde.

O ma Vie ! Je te demande pardon ! Pardon pour mes errances, et toute mon ignorance…

Dans la lumière du petit jour, je danse.

C'est pour la mémoire perdue des hommes, s'essoufflant dans le monde…
Pour le cri étranglé de la terre saccagée.
Pour la fleur à la splendeur fragile, dont la beauté muette n'émeut plus personne…

Je veillerai mon corps, mon âme, dans la lumière des jours.

Ils sont la quintessence, l'accord parfait de l'Univers dans l'univers.

*Et leur frisson d'amour est cette offrande vivante de ma vie dans Ta Vie.*

**S**ouvent, j'ai mal.

À cause du rire gras des hommes. Leur regard sur ma peau me transperce et me blesse, quand ils cherchent mes reins, quand ils fixent ma gorge… Ils cassent mon rire, ils tuent ma sève.

Suis-je pour ces hommes englués de boue ?
Suis-je pour l'ivresse et l'appel des corps ?
Suis-je pour l'Enfant à offrir au monde ?
Suis-je pour un Homme unique, créé pour ma vie ?

Je suis le lieu sauvage de toutes les guerres, des pouvoirs et des tourments.

Je voudrais être un chant, un rêve, une danse.
Une petite note de vie dans Ta Grande Harmonie.
Je voudrais vivre libre, pouvoir ETRE TOI sans peur, des racines de mon être à la courbe de mes reins.

*J'attends de l'Homme que j'aime qu'il me délivre enfin.*

*Existe-t-il ?*

Hier soir dans le soleil couchant, les herbes étaient blondes, et mon cœur hagard…

Puis soudain, j'ai vu la Vie !

La Vie, toute la Vie, était là !

Il suffisait de se taire, il suffisait de s'ouvrir…
En moi Tu t'es déversé alors, comme un torrent d'eau pure, et mon âme s'est élevée jusqu'au Ciel.

*Amour, où mon cœur s'arrête, Tu ES.*

Personne ne Te voit, personne ne Te touche, personne ne dit T'entendre.
Mais pourtant, Tu es là !

Tu travailles et présides à l'élaboration de chaque chose. Sans cesse Tu recrées la vie. Puis, Tu agis à travers elle.

Amour, Tu es le Silence, et l'au-delà du Silence.

Tu es la Présence. Quand tout se tait, TOUT murmure.

Alors je peux T'étreindre, et me revêtir de Toi.

*O ma Vie ! Tu es la Beauté, le Fragile.*
*Tu te nourris de Pur.*

*... Et mon cœur est ce bourgeon dans l'aube.*

Amour, auprès des souches et des rochers, je T'ai touché.

J'ai vu ce lieu secret où le Temps s'ourle en silence. Il est un lieu sacré, enfui de la mémoire des hommes, où toute forme naît d'un nom soufflé. D'ici, tout provient, tout revient.

Il est un lieu caché des hommes, où se réparent le sang versé, les âmes blessées, les jours brisés.

Ici se préparent la pâte des arbres, l'embrun des mers, la peau des pierres.

Et ce, depuis le commencement des mondes.

*Pardon si parfois je t'offense :*
*Il n'y a pas d'autre mort que celle de son propre cœur.*

Souviens-Toi de ceux qui Te servent. De ceux qui pour Toi ne trouvent ni sommeil, ni repos.

De ceux qui, des quatre coins du monde, Te prient ou t'implorent. De ceux qui pour d'autres se consument, ou se meurent…

Il y a ceux qui Te cherchent, ceux qui se perdent, ceux qui ne savent pas.

Amour, ne nous méprises pas : nous sommes un peuples aux petits pas aveugles, et nos esprits sont lourds…

Un jour les hommes retrouveront leur âme, et le monde entier s'ouvrira à Ton souffle.

*Amour, prépare-nous à l'avènement des jours.*

## Un soir enfin…

Un soir enfin, Tu es venu vers moi.
C'était l'hiver, il faisait nuit.
Je ne T'attendais pas, ne Te cherchais pas, ne Te pleurais pas.

L'homme de mon âme a pressé son pas vers moi, puis il a ouvert la porte.
Il s'est effacé pour me laisser passer, et Toi, caché dans le mystère de nos vies, Tu as souri !

Je me suis perdue là, dans ses yeux, dans sa voix…
Je ne pouvais plus m'enfuir, plus partir, plus courir.
Je restais là sans bouger, pétrifiée, hébétée …

Ce soir-là, lui et moi avions rendez-vous au même endroit.
C'était notre heure.

J'avais pour lui traversé tous les hivers, tous les abîmes, tous les tourments.
Pour moi il arrivait du fond des âges , et avait traversé tant d'années, tant de mers…

Soudain, lui et Toi, étiez là, réunis en un seul Etre, et c'était lui.

Aujourd'hui je sais.
Je sais que cela faisait depuis nos aubes que Tu nous poussais vers l'autre.

Depuis, nos vies, nos âmes, nos corps, ne cessent de Te chercher, de Te vouloir, Te délivrer.

Je veux te parler de Lui.

Il est ce qui est libre et roi. Il est le rire haut, le regard droit.
Il est la soif que rien n'étanche.
Il est la quête, et l'abondance.

Entre ses bras je me dénude.
C'est comme aux premiers temps du monde, LA VIE.

Je me love dans ses mains, me perds dans sa joie.

Il écoute la nuit, le Silence.
Quand ils sont tous endormis, seul, il s'élève.

*Et sa flamme et ses rêves crépitent en un seul feu.*

Encore et encore, je Te parlerai de lui.

Il cache des morceaux de sa vie comme des trésors précieux.
Il est le seul à en connaître les visages. Il en cache les clés, qu'il tient fort dans ses poings.
Il est le seul point de passage, entre ses mille et mille voyages.

*Je sais que jamais je n'irai contre son immense chant de liberté.*

Quelquefois loin de moi il s'évade.
Que cherche-t-il ?

Puis le temps passe …
Je reste seule face au silence.
- *Existe-t-il ?*

Mes jours sont longs, mes nuits sont vides, et mon cœur ne sait plus que faire.

Faut-il que je pleure ? Faut-il que je crie ? Faut-il que je m'emporte ? Faut-il que je m'enfuie ?
Faut-il le remettre entre les mains de Ta Vie…

Et puis soudain il se souvient de NOUS ; Il est là, contre moi, et tout est là.

*O Amour ! Notre amour nous blesse autant qu'il nous couronne.*

Amour, Tu es toutes les joies, toutes les larmes…

De l'autre côté du temps, je prie et pleure.
On dirait qu'il prend peur…
Est-ce mon élan qui l'oppresse ? Est-ce mon rire, ma faiblesse ?

Se peut-il que Tu fasses peur quand enfin Tu parais ?

Remonter seule, à la Source de toute chose. Ne pas juger, ne pas forcer, ne pas vouloir.
Ne rien attendre, seulement T'aimer.

Au cœur des choses pures, la vie se fait plus douce.

Je cherche en moi le Temple.
Car je suis un temple aussi.

*Celui qui Te contient depuis que je suis.*

Amour, comment lui dire en moi Ton cri ?

Sait-il l'insolence de mon désir ? Sait-il en moi la fleur qui s'ouvre, la femme qui saigne ?

Entend-t-il quand je pleure dans la nuit ?

Je jette des morceaux de mon âme, à la nuit, au vide, aux étoiles…
Puissent les oiseaux se poser là, et me parler de lui…

*Amour, je n'ai pas de plus grand Maître que Toi, dans la douleur des jours…*

Ses larmes ne coulent pas.
Elles saignent comme un cri de violon brisé, qui se cherche et s'épuise.

Car je sais qu'il s'écorche aussi. Sans rien dire. Sans rancœur. Sans rien faire qui ne soit contraire à la Vie.

Le temps est son précieux guide.

Et Toi, Tu viens à lui, doucement, patiemment.
Tu renoues les fils de son cœur avec les fils de ma Vie.

*Car Tu es le Temps et l'Espace aussi.*
*Et Tu nous appelles à cette métamorphose.*

# TROISIÈME PARTIE

*Le cœur qui cogne*
*1996-2008.*

Je l'aime.
Tout nous unit
Tout nous sépare
Tout nous morcelle
Tout nous répare,

Tout nous invite
À nous perdre, à nous sauver
À nous diviser, nous transcender,

La Vie nous passe au crible
De son puissant filtre de mort…

*Amour je t'aime…*
*Attends-moi au cœur de ton cœur*
*Que je descende au fond du mien,*
*Et c'est pour nous retrouver libres,*
*Intacts, et rois.*

Blanche est la Reine
Juste son épée
Lourde est sa peine
Inaccessible, l'Éternité.

Dans son palais de marbre blanc
Pleure une reine
A son côté le trône
Est vide

Son royaume de joie est tel
Un champ fertile
Nourri
D'inutile.


Et quand il me demandes :
*« - Est-ce que tu m'aimes ? »*
Je ne trouve plus les mots.
Je ne peux que te prendre contre mon cœur,
Et te serrer, fort, fort, contre mes larmes.

## SA MAIN DANS LA NUIT.

*Sa main se tend*
*Dans la nuit.*

*C'est pour me dire « Je t'aime ! »*
*C'est pour me dire « Je pars ! »*

*Je reste là*

*O lourds instants d'arrachement*
*Où l'amour de nos âmes se lit*
*Dans nos espoirs suspendus.*


*...Puis, l'engloutit la nuit.*

*Mon cœur est cette arène, où se livrent
Tous mes combats.*

Amour, qu'as-tu fait de mes jours ?

Je ne sais plus
Ce qui me lie aux heures
Mon présent comme ma maison sont vides
Et ma fière liberté d'hier
Se meurt...


O Amour !
Le goût des choses n'est-il donc devenu
Que le goût de toi ?

Sait-il cette peur qu'il creuse en ma vie ?
Elle est comme l'évidence
De ma folie.

Pour quelle Vie me pétrit et me façonne
Le Grand Souffleur des Mondes ?

Je suis en ses mains
Face à ma mort comme à ma vie,
Poussière d'argile informe
Dans l'océan de vie,

*Nue*
*Et sans armes.*

S'envolent les oiseaux,

Je reste là le cœur ouvert
Le cœur ouvert comme une tranchée

*Amour, reviendras-tu semer du rire*
*Reviendras-tu semer des arbres*
*Pour le jardin lumière ?*

Je reste là le cœur ouvert

O mon cœur
Chant de violon brisé
Sursaut de flûte enchantée
Garde ta lumière

*Je reste là le cœur ouvert....*

## LA GROTTE AUX FLAMMES.

Amour, vas-t-en, revoir les roses
Dans le petit jardin fané,
Celles que tu aimes et as laissées
Celles dont tu rêves, que tu as aimées.

*Est-ce qu'elles chantent*
*Est-ce qu'elles pleurent*
*Est-ce qu'elles appellent à vivre ?*

Amour, vas-t-en re voir les roses
Et puis la grotte aux mille baisers
En son antre trois flammes brillent

La flamme de ta joie
La flamme de ton cœur
La flamme de ton feu

*Est-ce qu'elles chantent*
*Est-ce qu'elles pleurent*
*Est-ce qu'elles appellent à vivre ?*

Tout près d'elles
Un coffre blanc
Que contient-t-il ?

Les secrets battements de ton cœur
Des diamants, des parfums, des musiques
Et mille pétales de roses
À jamais parfumés

Ici repose ton abondance
Précieuse, à jamais préservée…

Je joins mes mains à ta lumière
Pour que s'éclaire ta vie,
Et que tes jours se lèvent
Comme une aurore
Sur du blé mûr.

Mon Amour ne dort plus
Il erre au long des jours

De l'autre côté des jours
J'entends son cri

Saigne son corps, pleure son cœur
S'ouvre son Être, tremble sa Vie…

Et moi
Je suis Tout
Je ne suis Rien
Je pleure en appelant Demain.

## LES JOURS SANS TOI

Je remplis mes jours
Comme des seaux à la source

Loin de toi
Tout m'indiffère et me dessèche

J'ai peur de manquer
à ma Soif
à l'Amour

Ton rire
Ta peau
Ton âme…

Je me couvre de fleurs
Et de rires d'enfants

Je te cherche, je me sauve
Je nous fuis, je nous perds

*J'appelle l'Ange de Vie*
*Pour qu'il vienne ici*
*Faire rejaillir nos vies.*

De ce temps qui passe
Et qui me dit je t'aime

*Que reste-t-il ?*
*Que reste-t-il ?*

Où que j'aille et erre
Les jours sont pleins de toi.

Je serre ton âme contre mon âme
Avec mon vide
… Et je te sais tout près.

*Nos chemins se séparent-ils*
*Quand enfin nos âmes se touchent ?*

De ce temps qui passe
Et qui nous dit je t'aime

Qu'adviendra-t-il ?
Qu'adviendra-t-il ?

**O** Amour, Viens !
Mon cœur au loin t'appelle
Et je sais que tu viens

*D'aussi loin que soient nos vies*
*Se répondent nos âmes*
*Tandis que nos vies*
*Se fuient ...*

Quand tu seras las du monde
Et des bruits tout autour
Tu entreras dans ton cœur

Et j'y serai.

## LA PORTE

- *« Il revient ! il arrive ... !*
*Chante le vent à la fenêtre,*

- *C'est le jour ! Il accourt ! ...*
*Dit l'horloge à mon cœur,*

- *Qui frappe ? dit le cœur battant.*
*Est-ce toi le vent, qui cogne à ma porte ?*

- *Tu divagues ! répond le vent,*
*Ce ne sont que les battements de ton âme*
*À ton impatience d'enfant...*

- *Qui sonne ? dit le cœur en sifflant,*
*Est-ce pour moi ces pas que j'entends ?*

- *Tu veux rire ! dit la porte entre ses gonds,*
*Ce n'est que le souffle de ta joie*
*Contenue si longtemps...*

- *Et s'il ne venait plus ? pense le cœur en*
*s'arrêtant.*

- *Le voici ! Le voici ! dit le vent à l'horloge,*

- *Il arrive ! Il vient là ! »*
*Dit l'ascenseur à la porte...*

Le verrou tourne...la porte s'ouvre...
Il est là.

Nos bras qui s'ouvrent
Nos yeux qui pleurent

Et tout s'arrête et tout s'efface
Alors.

Il ne repartira pas.

Amour, tu m'as rendue
À la Joie
Au Royaume des merveilles

Les jours présents ne sont plus
Ni fardeau, ni fuite au loin

Ils se savourent comme un fruit mûr
Au cœur duquel tu te tiendrais

Pour m'aimer et me savoir encore…

## TU ES LÀ

Tu es là, près de moi
Je n'ai plus mal, plus froid, plus peur

Tu es là, près de moi
Et tes mains sont chaudes
Comme le pain du matin.

O douleurs d'hier
O Douceur d'aujourd'hui

Je contemple la coupe
Où sang et larmes se mêlent…


C'était pour qu'aujourd'hui
Nos âmes se sachent
Et nos corps se fondent

C'était pour qu'aujourd'hui
Je puisse t'entendre rire
Comme l'Enfant dans l'onde.

*Écoute ! Les fleurs, les anges*
*Tous s'apprêtent :*
*Et c'est pour*
*Nous chanter*
*La Vie.*

## QUAND

Le Temps s'agrandit de Vie,

Quand ta main sur mon visage
Quand tes bras autour de moi
Quand tes yeux dans mes yeux
Quand nos silences nos paroles nos silences
Quand nos gestes nos rires nos gestes


Nos vies agrandissent le Temps
Puis le réparent,

Quand ton visage dans ma paume
Quand tes lèvres à mon cou
Quand tes rêves à la brume
Nos silences notre ivresse nos silences

Quand nos cœurs s'ouvrent comme des écrins

*Quand la Profondeur...*

## QU'IL N'Y AIT JAMAIS

Mon Amour
Qu'entre toi et moi
Il n'y ait jamais la peur,
La honte ni l'arrogance,
Qu'entre toi et moi
Les jours ne soient
Qu'une même danse…

Je te regarde devant le feu
Qui brûle
Et toute la maison de joie
S'allume…

Que notre Amour soit toujours
Ce geste répété
D'un feu qu'on allume et qu'on veille
À chaque instant du jour…

Une flamme
Sur ton visage
S'éclaire,
Et ma Vie encore pour toi
S'enflamme…

*Comme une folie du fond des âges*
*Qui me fait t'aimer*
*Et te vouloir, toujours…*

Écoute mon Cœur qui cogne :
Entends-tu le Chant du Monde ?

*Nos deux Vies Unies
Sont tout cela.*

# EPILOGUE

O mon Autre, mon Partage
Ma Différence, mon Doux Rivage

Je dépose à tes pieds
Mes mille et mille naufrages
Et tout ce temps erré

Tu m'ouvres ta Vie


Me voici :

*Pour Toi*
*Je suis née,*

.

*Le 19/11/2008.*

# BIBLIOGRAPHIE

- *L'Instant d'Amour,* éd. Bod, avril 2020.
- *Gongs d'Haïkus, et autres petits poèmes*, nouvelle version 2020, éd. Bod.
- *Dans Un Vol de Colombes,* éd. Bod, 2019.
- *Le Chant de l'Âme,* éd. Nouvelle Pléïade, 2018. Diplôme d'honneur de la Société des Poètes Français, Paris.
- *Les Petits Bonheurs,* éd. Bod, 2018.
- *Cherche Dieu ô mon Âme,* éd. Du Net, 2016.
- *À L'ombre des arbres en paix, poèmes pour la Paix,* éd. Du Net, 2015. Prix de l'Espoir aux Jeux Floraux Méditerranéens de Narbonne 2015.
- *Les Volcans de braise*, éd. Nouvelle Pléïade, 2015. Prix Poètes sans Frontières Orange 2016, Prix Charles Baudelaire paris 2015, Premier prix de la Communauté de Communes de Lacq aux Jeux floraux du Béarn, Pau 2013.
- *Contes et enseignements de Maître Shen*, autoédition A Fleur d'âme, 2013.
- *Pour que danse l'Enfance,* A Fleur d'Âme, 2013.
- *Pour que chante l'Enfance*, éd. Édilivre, 2013.
- *La Petite Fille aux Feuilles de feu, conte philo,* éd. Édilivre, 2012.
- *J'écrirai pour vous dire*, éd. Édilivre, 2012.
- *Méditations aux Monts Huang Shan,* éd. Édilivre, 2011.
- *Lettres ouvertes à l'Amour, éd. Édilivre 2011.*

Pour en savoir plus sur Marie TUYET :
https://marie-tuyet-recitals-et-poesie.jimdosite.com/
Marie Tuyet est sur YOUTUBE, Facebook et Instagram.